BOEKANALYSE

AF142050

Ik wilde dat ergens iemand op me wachtte

ANNA GAVALDA

BOEKANALYSE

Geschreven door Marie Giraud-Claude-Lafontaine
Vertaald door Nikki Claes

Ik wilde dat ergens iemand op me wachtte

· ·

ANNA GAVALDA

ANNA GAVALDA

FRANSE SCHRIJVER

- **Geboren in Boulogne-Billancourt (Frankrijk) in 1970.**
- **Opmerkelijke werken:**
  - *Someone I Loved* (2002), roman
  - *95 pond hoop* (2002), roman
  - *Hunting and Gathering* (2004), roman

Anna Gavalda is opgegroeid in de regio Eure-et-Loir in Noord-Frankrijk en heeft een master in literatuur van de Sorbonne-universiteit in Parijs. Zij is gescheiden en heeft twee kinderen. In de loop der jaren heeft zij een gevarieerde carrière gehad, waarbij zij onder meer heeft gewerkt als lerares Frans, dieren-artsassistente en tijdschriftcolumniste. In 1992 won ze de France Inter-wedstrijd voor de Mooiste Liefdesbrief, en daarna begon ze te proberen haar werk gepubliceerd te krijgen nadat ze ook een aantal wedstrijden voor korte verhalen had gewonnen. Haar eerste gepubliceerde werk was de verhalen-bundel *I Wish Someone Were Waiting for Me Somewhere*, die in 1999 verscheen en de Grand Prix RTL-Lire won. Dit was slechts het begin van een zeer succesvolle schrijfcarrière die er zelfs toe leidde dat twee van haar romans (*Someone I Loved*, 2002, en *Hunting and Gathering*, 2004) werden verfilmd.

IK WILDE DAT ERGENS IEMAND OP ME WACHTTE

DE STRIJD VAN HET DAGELIJKS LEVEN

- **Genre:** verzameling korte verhalen

- **Referentie-uitgave:** Gavalda, A. (2003) *I Wish Someone Were Waiting for Me Somewhere*. Trans. Marker, K. L. New York: Penguin.

- **1e editie:** 1999

- **Thema's:** liefde, dagelijks leven, dood, hoop

Elk van de 12 korte verhalen in deze bundel toont een stukje leven. Hoewel sommige verhalen dynamischer zijn dan andere, zijn ze allemaal diep ontroerend, en onderzoeken ze de manieren waarop de hoop op geluk kan worden gedwarsboomd door zowel immense tragedies als de meest alledaagse aspecten van het dagelijks leven. Gavalda heeft een gave om personages te creëren die gewone mensen zijn die een normaal leven leiden (hoewel ze nooit saai zijn), om ze vervolgens uit hun comfortzone te halen en ze naar een onverwacht lot te leiden. Op deze manier weet ze de gevoelige kant van de mensheid te portretteren op een manier waarmee de lezer zich diepgaand kan identificeren.

SAMENVATTING

In dit hoofdstuk wordt elk van de 12 korte verhalen uit de bundel kort samengevat. Hoewel de verzameling een breed scala aan onderwerpen bestrijkt, zijn de meeste verhalen gericht op de thema's liefde, dagelijks leven of een combinatie daarvan.

VERKERINGSRITUELEN VAN DE SAINT-GERMAIN-DES-PRÉS

Een jonge vrouw heeft een toevallige ontmoeting met een charmante man op de Boulevard Saint-Germain in Parijs, en hij vraagt haar mee uit eten te gaan. Ze spreken af elkaar te ontmoeten in een klein restaurant die avond, en alles lijkt perfect te gaan totdat de telefoon van de man gaat. Hij is beleefd genoeg om het op dat moment te negeren, maar als ze klaar zijn met eten en alles erop lijkt te wijzen dat zich een episch liefdesverhaal gaat ontvouwen, kijkt de man stiekem op zijn telefoon om te zien wie hem belde. Dit is een flinke klap voor de trots van de vrouw, die zich afvraagt waarom hij zoveel meer belangstelling heeft voor dit apparaatje dan voor haar.

ZWANGER

Vanaf het moment dat de hoofdpersoon in dit korte verhaal beseft dat ze zwanger is, kan ze aan niets anders denken dan aan haar toekomstige kind. In de zesde maand van haar zwangerschap komt ze voor een routinecontrole, waarbij de artsen ontdekken dat de foetus dood is, wat betekent dat ze een abortus moeten uitvoeren. Hoewel ze er kapot van is, gaat ze kort daarna naar een bruiloft, waar een onbekende vrouw haar glimlachend benadert, haar handen op haar nog gezwollen buik legt en vraagt: "Mag ik? Ze zeggen dat het geluk brengt" (p. 30).

DEZE MAN EN DEZE VROUW

Een rijk echtpaar rijdt in een sportwagen naar hun landhuis; hun leven lijkt volkomen idyllisch, maar ze zijn beiden in gedachten verzonken en wisselen geen woord. De man ergert zich omdat de ruitenwisservloeistof niet goed werkt, en dan gaan zijn gedachten uit naar zijn mooie secretaresse, de verbouwingen die ze aan het landhuis hebben uitgevoerd en de ongedisciplineerde conciërges die het onderhouden. Ondertussen denkt de vrouw aan het feit dat ze nooit kinderen heeft kunnen krijgen, en aan het mooie pak dat ze in een etalage heeft gezien. Voor hen is het leven lang, liefdeloos en vervelend.

DE OPEL TOUCH

Marianne is studente in een Parijse buitenwijk en werkt daarnaast parttime in een kledingwinkel. Ze is single, en haar leven begint een beetje eentonig te worden door dit gebrek aan romantiek. Op een avond gaat ze met een paar vrienden naar een bar, en het gebrek aan opwinding in haar leven begint haar ernstig te storen. Ze wordt benaderd door een onbeleefde man die naar haar borst blijft staren, wat haar ertoe aanzet de bar in tranen te verlaten en haar zus te bellen, die haar met haar auto komt ophalen. Terwijl ze op de parkeerplaats van de bar staan, zien ze een man die ze vroeger kenden en die ze de bijnaam "Teflon Pan" gaven omdat hij nooit wilde blijven plakken. Als ze zien dat hij nu de trotse eigenaar is van een aangepaste Opel Touch, barsten ze beiden in lachen uit. Marianne neemt vervolgens haar zus in vertrouwen over haar overweldigende verlangen naar liefde, en haar zus antwoordt: "Ach, we zitten er nu diep in" (p. 46).

AMBER

Een populaire zanger die al zijn tijd doorbrengt met drugs en onenightstands ontmoet en wordt verliefd op een jonge fotografe, Amber, die met hem op tournee is gegaan om foto's van hem te maken op het podium. Na de concerten laat ze hem de foto's zien die ze gemaakt heeft, waarop alleen zijn handen te zien zijn:

> "Mijn handen op gitaarsnaren, mijn handen rond de microfoon, [...] mijn handen die een sigaret vasthouden, mijn handen die mijn gezicht aanraken, mijn handen die handtekeningen zetten, mijn handen die koortsig zijn, mijn handen die smeken, mijn handen die kusjes geven, en mijn handen die ook omhoog schieten. Grote, dunne handen met aderen als kleine rivieren. [...] 'Ik nam je handen omdat dat het enige aan je is dat niet uit elkaar valt.'" (pp. 56-57)

LAAT

Een jongeman keert met verlof van het leger terug naar huis voor zijn verjaardag, en wordt herenigd met zijn broer Marc, wiens prestaties de zijne altijd hebben overschaduwd, en Marie, de vriendin van Marc. Toen ze jonger waren, hadden ze alle drie samen deelgenomen aan een zeilcursus, en de hoofdpersoon herinnert zich alles over Marie perfect, omdat hij eigenlijk hopeloos verliefd op haar is. Naarmate de avond vordert en iedereen steeds meer dronken raakt, dagen de twee broers elkaar uit voor een spelletje tafelvoetbal, met een twist: wie de wedstrijd wint, wint ook Marie. Marc wint, en zijn broer is radeloos. Hij blijft in de woonkamer, met de bedoeling daar te slapen, en hoort later die avond een geluid: het is Marie, in niets anders dan inpakpapier, die besloten heeft zijn verjaardagscadeau te zijn.

HOOFDVERHAAL

Negen mensen zijn omgekomen en tientallen anderen zijn gewond geraakt bij een auto-ongeluk dat is veroorzaakt door een man die achteruit reed op de snelweg om terug te keren naar een afslag die hij had gemist. Deze man is ook de verteller van het verhaal; hij is getrouwd, heeft kinderen en is vanwege zijn werk gedwongen een groot deel van de dag op de weg door te brengen. Wanneer hij zich realiseert dat hij verantwoordelijk was voor het ongeluk, biecht hij alles op aan zijn vrouw, die hem verbiedt zichzelf aan te geven. Vervolgens brengt hij de nacht door met schrijven over het incident in een poging zijn hoofd leeg te maken en een beter beeld te krijgen van wat er is gebeurd.

CATGUT

Een dierenarts die onlangs naar een landelijk gebied in Normandië is verhuisd, krijgt dagelijks te maken met seksisme van de plaatselijke bevolking. Op een nacht krijgt ze een noodoproep die bedrog blijkt te zijn: een groep dronken mannen wacht haar op en ze wordt door hen bruut verkracht. Als ze klaar zijn, brengt ze hen in slaap met een cocktail van pruimenbrandewijn en ketamine, waarna ze hen allemaal om beurten castreert en de testikels van de meest gewelddadige man op de huid net boven zijn adamsappel implanteert. De volgende dag laat ze haar honden achter bij haar buurvrouw en wacht thuis op de politie.

JUNIOR

Alexander Devermont, beter bekend als Junior, leeft het charmante leven van degenen die in de schoot van de luxe zijn geboren. De zomer, nadat hij 20 is geworden, ontmoet en raakt hij bevriend met Franck, wiens vader een rijke boer is. Ze worden allebei uitgenodigd voor een feest voor alle chique jongeren uit de omgeving, maar ze bezitten geen auto die ze geschikt achten voor de gelegenheid. Na een lange ruzie overtuigt Franck Alexander uiteindelijk om zonder toestemming de Jaguar van zijn vader te lenen. Op de terugweg van het feest zien de twee jongemannen, die beiden behoorlijk aangeschoten zijn, een enorm zwijn op de weg liggen. Omdat ze denken dat hij dood is, besluiten ze hem mee naar huis te nemen en op de achterbank van de auto te leggen, maar het zwijn was alleen maar bewusteloos en begint de sportwagen te vernielen als hij wakker wordt. Franck belt de brandweer, die snel ter plaatse is en een bazooka gebruikt om het uitzinnige dier te doden, waarbij de restanten van de Jaguar worden vernietigd. Het verhaal zal waarschijnlijk de voorpagina's van alle plaatselijke kranten halen, wat een enorme klap zal zijn voor de vader van Junior, die een fervent voorstander van de jacht is en op het punt leek te staan een geweldige overwinning te behalen op de Groene Partij, die een natuurpark in het gebied wil aanleggen. Het dreigt zelfs zo'n catastrofe te worden dat de twee jongemannen het smeulende wrak midden op de weg als een relatief klein probleem gaan beschouwen.

JARENLANG

Hoewel hij gelukkig getrouwd is, twee kinderen heeft en een succesvolle carrière heeft, wordt de man in het hart van dit verhaal al 26 jaar achtervolgd door de herinnering aan de vrouw op wie hij hopeloos verliefd was toen hij jonger was. Op een dag krijgt hij een telefoontje van haar, en ze zegt dat ze hem wil zien omdat ze niet lang meer te leven heeft. Ze ontmoeten elkaar in een sinister stadje en beseffen dat ze allebei nog steeds hevig verliefd op elkaar zijn, maar ze worden ook overmand door wanhoop omdat ze weten dat hun liefde machteloos is tegenover de dood, die hen spoedig uit elkaar zal scheuren.

CLIC-CLAC

Olivier woont met zijn twee zussen in een flat in Parijs en is verliefd op zijn collega Sarah Briot. Op een avond geven hij en zijn zussen een feestje bij hen thuis, wanneer een van zijn zussen een scène maakt nadat hij in zijn kamer lingerie heeft gevonden die hij had gekocht in de hoop die ooit aan Sarah te kunnen geven. Nadat ze de lingerie aan alle gasten heeft laten zien, is Olivier vernederd en besluit hij te vertrekken, en Sarah komt kort daarna op bezoek. Terwijl ze samen op Oliviers pas gekochte Clic-Clac zitten, begint hij te denken aan hoe hij niet weet hoe hij hem moet ontvouwen, en hoe zijn zussen hem zouden plagen als ze hem nu konden zien. Deze gedachte brengt een glimlach op Oliviers gezicht, en Sarah kiest dat moment om hem te kussen.

EPILOOG

Een aspirant-auteur dient haar korte verhalen in bij een uitgever in Parijs, die haar enkele maanden later uitnodigt op het hoofdkantoor van de uitgeverij. Als ze daar aankomt, beseft ze dat hij haar eigenlijk alleen uit nieuwsgierigheid wilde ontmoeten en niet van plan is haar werk te publiceren. De schrijfster in spé wordt zo overmand door emoties dat haar leven even tot stilstand komt en kort daarna weer normaal wordt.

KARAKTERSTUDIE

VERKERINGSRITUELEN VAN DE SAINT-GERMAIN-DES-PRÉS

De verteller van dit korte verhaal is een jonge vrouw wiens aantrekkelijke gelaatstrekken vaak de aandacht trekken: "Mijn benen liggen in het gangpad. Ze zijn erg lang. Het gangpad is nogal smal en mijn rok is erg kort" (p. 7) en de man die ze tijdens het verhaal tegenkomt wordt even afgeleid door de "zachtheid van [haar] buste" (p. 9). Ze lijkt nogal werelds te zijn, en kan zich staande houden als ze met de man op straat aan het dollen is: "Dat is een beetje snel, vind je niet?" (p. 3). Haar scherpzinnige interne commentaar op de vreemde romantische ervaring die ze heeft, is op zijn eigen manier charmant en grappig, en ze hangt liever rond in bars waar je kunt gokken dan in de toeristenvallen in de buurt waar ze woont. Ze heeft ook een voorliefde voor goede wijn en kan in één oogopslag zeggen of een kledingstuk haar wel of niet past. Tegen het einde van het verhaal is het echter duidelijk dat haar karaktertrek haar trots is, en daar is ze zich terdege van bewust: ze verklaart zelfs "Ik haat mijn trots" (p. 14).

ZWANGER

De heldin van dit verhaal is een vrouw die in de wolken is als ze ontdekt dat ze zwanger is van haar tweede kind. Haar leven draait onmiddellijk om de gedachte aan haar toekomstige kind, maar haar wereld stort in wanneer zij het verschrikkelijke nieuws ontvangt dat de foetus dood is. Toch toont ze grote moed, zowel tegenover deze tragedie als tijdens de bruiloft die ze kort daarna bijwoont, zoals haar arts opmerkt: "Ik bewonder uw kalmte" (p. 29).

DEZE MAN EN DEZE VROUW

De getitelde man ergert zich aan de kleinste details, zoals de belasting die hij moet betalen op zijn exorbitant dure auto, ruitenwisservloeistof die niet goed werkt en de tekortkomingen van de beheerders die zijn landhuis onderhouden. Dit laat de lezer zien dat hij nergens meer plezier in kan vinden.

Ondertussen leeft de vrouw duidelijk in een staat van eeuwige verveling: "In haar gezicht kun je zien wat ze allemaal heeft opgegeven in het leven" (p. 33). Ze weet dat haar man niet van haar houdt, en ze is er kapot van dat ze nooit kinderen heeft kunnen krijgen. In tegenstelling tot haar man vindt ze alleen plezier in de kleine dingen van het leven, zoals wanneer ze denkt aan een mooi pak dat ze onlangs in een etalage zag.

DE OPEL TOUCH

Marianne studeert rechten en ziet nu al op tegen het leven dat ze zal leiden als ze klaar is met haar studie: "Jaren en jaren burgerlijk recht, strafrecht, cursuspakketten, artikelen, paragrafen, juridische teksten, noem maar op. En let wel, allemaal voor een carrière die me nu al mateloos verveelt" (p. 36). Niets is veilig voor haar scherpe tong, en ze hekelt Melun (de stad waar ze woont), haar collega's, een kennis die sterke verhalen vertelt over haar tijd in de Verenigde Staten, en de man die haar benadert. Het is echter duidelijk dat ze niet uit wanhoop, maar door haar levenslust en verlangen naar liefde wordt gedreven.

AMBER

De ene helft van het toekomstige paar in het hart van dit verhaal is een beroemde zanger die zijn tijd doorbrengt met alle denkbare ondeugden en zich op 38-jarige leeftijd realiseert dat hij zijn leven heeft verspild. Hij is nogal afstandelijk van aard, heeft moeite om zijn eigen emoties onder controle te houden en probeert nooit indruk te maken op mensen: "Ik wilde iemands nek breken omdat alles van binnen overkookte" (p. 53). Aan de andere kant hecht hij weinig belang aan materiële rijkdom en heeft hij veel waardering voor de muzikanten met wie hij werkt, en deelt hij zelfs zijn tourbus met hen.

Amber is ondertussen een jonge freelance fotografe, en is bevriend met de zus van een van de beste vrienden van de zangeres. Ze heeft de neiging om naar de achtergrond te verdwijnen: "Ze keek verontschuldigend, liep op haar tenen" (p. 51). Ze behandelt de zanger als een normaal persoon in plaats van een internationale beroemdheid, en haar oprechtheid en openhartigheid winnen hem voor zich, vooral wanneer ze naar hem glimlacht zonder iets van hem terug te verwachten en hem beleefd aanspreekt, hoewel de meeste mensen afzien van formaliteit als ze met hem praten.

LAAT

De twee broers in dit verhaal zijn complete tegenpolen: de oudere broer, Marc, is altijd moeiteloos in alles geslaagd, terwijl de jongere broer volkomen onopvallend is. Het is echter het vermelden waard dat het hele verhaal wordt gefilterd door het perspectief van de jongere broer, en zijn mening over Marc is misschien niet helemaal objectief.

Marc is een geweldige chauffeur, heeft zijn dienstplicht als officier vervuld, is met vlag en wimpel geslaagd voor zijn ingenieursdiploma, en krijgt altijd alles wat hij wil, van zijn favoriete broodje in de restauratiewagen tot een glimlach van een mooie vrouw. Hij kan altijd zien of iemand of iets "hick" (p. 62) is of niet; met andere woorden, hij heeft een zeer verfijnde smaak. Marie vond hem echter een "uitslover" (p. 72) toen ze jonger waren.

De twee broers lijken niet jaloers op elkaar te zijn: Marie zegt zelfs tegen de verteller: "Je bent altijd voor je broer opgekomen" (*ibid.*). De hoofdpersoon houdt van Marc en vindt gewoon dat hij een gave heeft om dingen moeiteloos te doen. De persoonlijkheid van de verteller staat echter in schril contrast met die van zijn broer, en met zijn kaalgeschoren hoofd en zijn gevechtslaarzen ziet hij eruit als een laaggeplaatste voetsoldaat. Hij heeft net op 23-jarige leeftijd een beroepsopleiding afgerond en verkiest handenarbeid boven studie. Hij is echter ook vrij introspectief en bijna filosofisch: "het belangrijkste is niet waar je bent, maar in welke gemoedstoestand je verkeert" (p. 62).

HOOFDVERHAAL

De hoofdpersoon van dit korte verhaal is een vertegenwoordiger, echtgenoot, vader en huiseigenaar die een comfortabel, zij het monotoon leven lijkt te leiden. Hij vindt zijn dagelijkse woon-werkverkeer zo frustrerend dat hij uiteindelijk een fatale fout maakt en achteruit rijdt op de snelweg om een afslag te nemen die hij heeft gemist. Daardoor veroorzaakt hij een verwoestend ongeluk en beseft hij dat hij zich de rest van zijn leven schuldig zal voelen aan zijn daden.

CATGUT

De dierenarts heeft een bescheiden, eenzaam leven opgebouwd op het platteland. Maar nadat ze op brute wijze is verkracht, gebruikt ze haar "grote klopperhanden" (p. 96) om te kwetsen in plaats van te genezen, en toont ze geen genade aan de mannen die haar onrecht hebben aangedaan. Ze toont ook een opmerkelijke kalmte aan het eind van het verhaal, wanneer ze zegt dat de politie haar waarschijnlijk komt arresteren en dat ze "alleen maar hoopt dat ze de sirene niet gebruiken" (p. 100).

JUNIOR

Alexander Devermont is de zoon van een rijke zakenman, en heeft altijd een gecharmeerd leven geleid: "Opgegroeid in een vacuüm. Honderd procent zeep en Colgate met fluoride, met gingham-hemden met korte mouwen en een kuiltje op zijn kin" (p. 101). De zomer nadat hij 20 is geworden, begint hij eindelijk alle verrassingen te ontdekken die het leven voor hem in petto heeft.

JARENLANG

De verteller van dit korte verhaal is een getrouwde man van in de veertig die zielsveel van zijn vrouw en kinderen houdt. Hij heeft ook een zeer succesvolle carrière gehad, deels dankzij puur geluk, maar hij heeft altijd het gevoel gehad dat zijn geluk niet compleet is omdat hij zijn eerste liefde nooit heeft kunnen vergeten.

CLIC-CLAC

De hoofdpersoon in dit verhaal is Olivier, een boekhouder. Hij is pragmatisch, hoewel zijn esthetische gevoeligheden niet bijzonder verfijnd zijn, zoals een van zijn zussen al snel opmerkt. Hij heeft nogal obsessieve neigingen, zoals zijn afkeer van het breken van biscotti en zijn ongemak bij veranderingen, zoals wanneer zijn jongste zusje bij hem intrekt.

Sarah Briot is een collega van Olivier. Hij vindt dat ze slim is, dat ze verstand heeft van mannen en dat ze zo openhartig is dat ze soms onbeleefd overkomt. Hij zegt ook dat ze "niet mooi is. Ze is schattig, en dat is niet hetzelfde. [Sarah Briot is niet vulgair – ze is verleidelijk" (pp. 139-141). Oliviers verliefdheid op haar zet zijn leven op zijn kop.

EPILOOG

Hoewel Marguerite graag schrijft, heeft ze er een hekel aan dat haar man de neiging heeft het van de daken te schreeuwen. Haar grootste droom is om haar werk gepubliceerd te krijgen, maar haar manuscript wordt afgewezen bij haar eerste ontmoeting met een uitgever. Na het gesprek biedt ze het aan aan een prachtige vrouw die geen Frans spreekt.

ANALYSE

HET GENRE KORT VERHAAL

Hoewel korte verhalen al eeuwenlang worden verteld, zijn ze pas vrij recentelijk geleidelijk aan een volwaardig genre geworden, in plaats van op één hoop te worden gegooid met romans en verhalen. Korte verhalen kunnen over het algemeen worden gedefinieerd als korte, snelle, realistische verhalen. Ze zijn vergelijkbaar met romans, maar bevatten minder personages en subplots: in plaats daarvan staat de hoofdplot centraal, en het einde is meestal verrassend. Ze kunnen worden geschreven vanuit verschillende vertelperspectieven.

- De plot van een kort verhaal is op drie manieren beperkt: qua tijd (het verhaal speelt zich af in een paar dagen), qua ruimte (er zijn maar heel weinig locaties, meestal maar één) en qua actie (het kan meestal worden samengevat als één belangrijke gebeurtenis in het leven van de hoofdpersoon). *Leave is* bijvoorbeeld een verslag van de verjaardag van de hoofdpersoon, en beschrijft hoe hij zich realiseert dat hij verliefd is op de vriendin van zijn broer wanneer hij naar huis terugkeert om het te vieren.

- Korte verhalen hebben meestal ook een verrassend einde. In *Junior* bijvoorbeeld verwacht de lezer een auto-ongeluk, maar had hij nooit kunnen vermoeden dat de auto van binnenuit zou worden vernield door een boos zwijn. Onder deze omstandigheden verandert de hoofdpersoon van een tamelijk saaie naar een redelijk sympathieke jongen die eindelijk is ontsnapt aan het juk van zijn controlerende vader.

- In deze bundel worden veel verschillende vertelstijlen gebruikt: *Courting Rituals of the Saint-Germain-des-Prés* is geschreven in de eerste persoon, terwijl *Pregnant een* beperkte derde-persoonsvertelling gebruikt en *This Man and This Woman* een alwetende derde-persoonsverteller heeft. Sommige korte verhalen, zoals *Jarenlang*, hebben zelfs meerdere vertellers, waardoor de lezer verschillende personages leert kennen en de situatie vanuit verschillende perspectieven kan bekijken.

EEN STUKJE LEVEN

Een liefdesbrief aan het dagelijks leven

De personages in *I Wish Someone Were Waiting For Me Somewhere* mogen dan gewone mensen zijn, dat maakt de verhalen niet saai of oninteressant; integendeel, ze geven de lezer inzicht in de menselijke natuur. Deze verhalen onderzoeken de grimmige werkelijkheid die vaak schuilgaat onder de meest glamoureuze façades, en met name onze neiging om de massa te volgen uit angst de boot te schommelen, wat vaak leidt tot ontevredenheid en verveling. Veel van de levens van de personages weerspiegelen hun gewoonte om zich te conformeren, omdat ze saaie studierichtingen hebben gekozen, in middelmatige banen of liefdeloze relaties zijn beland, of daardoor slaven van het materialisme zijn geworden. Dit realisme maakt het ook gemakkelijk voor de lezer om zich in de schoenen van de personages te verplaatsen en zich te identificeren met hen en de situaties die zij meemaken, waardoor hij zich kan voorstellen dat hij deel uitmaakt van het verhaal.

Het geheim van Anna Gavalda's succes

Gavalda zou echter geen bestsellerauteur zijn als ze alleen maar zou schrijven over het normale leven van mensen. In plaats daarvan stort ze haar personages in tragische of komische omstandigheden, waardoor ze hun persoonlijkheid meer diepgang kan geven en elk personage van een stereotype verandert in een uniek individu.

Gavalda steunt daarbij vooral op twee verschillende elementen: humor en liefde.

- Het verlangen om lief te hebben en bemind te worden is een krachtige narratieve bron en komt in bijna alle verhalen in de bundel voor. In feite geeft de titel van de bundel, die is ontleend aan het verhaal *Leave*, dit weer: "Ik wilde dat ergens iemand op me wachtte. Is dat zoveel gevraagd?" (p. 64). Verder merkt de aspirant-romanschrijfster in de *Epiloog* op dat het grootste deel van haar werk over de liefde gaat.

- Liefde zet de personages vaak aan om hun normale leven, hun bekrompen blik of hun eenzaamheid te doorbreken, bijvoorbeeld in *The Opel Touch*, *Amber* en *Clic-Clac*.

- De humor in deze verhalen komt voort uit de scherpzinnige observatie van de wereld om hen heen door de personages, zoals te zien is in *Courting Rituals of the Saint-Germain-des-Prés*, *The Opel Touch*, *Leave* en *Epilogue*. Hun scherpe zelfbewustzijn stelt hen in staat een stap terug te doen uit hun eigen leven en dat te becommentari-eren, wat vaak tot uitdrukking komt in opmerkingen tussen haakjes "Nou, nee, alleen zit ik nu niet meer in de rue Eugene-Gonon (ik heb toch mijn waardigheid)" (p. 38).

EEN LEVENDIGE, INZICHTELIJKE STIJL

Gavalda's schrijfstijl is afwisselend delicaat en krachtig; hij is ook zeer direct, waardoor haar personages nog realistischer lijken, en haar veelvuldig gebruik van literaire verwijzingen getuigt van haar bewustzijn van de aard van haar eigen vak.

- **Realisme:** elk van de korte verhalen begint *in medias res*, wat betekent dat de lezer meteen in de actie wordt gestort. Dit betekent dat hij de in het verhaal opgenomen elementen moet gebruiken om de algemene situatie te reconstrueren en af te leiden wat er gebeurt.

- **Een informeel register:** het verhaal en de dialoog zijn consequent doorspekt met jargon en informele zinswendingen, waardoor de emoties en denkprocessen van de personages veel nuance krijgen. De schrijver gebruikt ook vaak scheldwoorden en tussenwerpsels, en informele interpunctie zoals ellipsen en uitroeptekens.

- **Literaire verwijzingen:** met name de verhalen *Courting Rituals of the Saint-Germain-des-Prés* en *Epilogue* verwijzen naar twee belangrijke Franse schrijfsters, namelijk Françoise Sagan (1935-2004) respectievelijk Marguerite Duras (1914-1996). Verder maakt de verteller in *Epiloog* een toespeling op *Atala* (1801), een roman van François-René de Chateaubriand (Franse schrijver, 1768-1848). Ondertussen leest de jonge vrouw uit de trein in *Leave* een boek over mieren, vermoedelijk van Bernard Werber (Franse schrijver, geboren in 1961). Deze verwijzingen geven smaak aan de tekst, en lijken te helpen en te voorkomen dat het boek een plaats opeist in de literatuurgeschiedenis: door simpelweg te verwijzen naar literaire klassiekers, kan Gavalda haar eigen werk ermee associëren, terwijl ze er ook onderscheid tussen maakt. Het is alsof Gavalda zich ervan bewust is dat haar korte verhalen zelf geen klassiekers zullen worden, maar desondanks vastbesloten is haar werk boven de massa uit te laten steken. Bovendien blijkt uit de *Courting Rituals of the Saint-Germain-des-Prés*, het eerste verhaal in de bundel, duidelijk dat Gavalda's schrijven gecategoriseerd moet worden als literatuur die een plezier is om te lezen en te schrijven: "Je houdt van dit soort sentimentele fluff […] Ik weet dat je ervan houdt. Dat is volkomen normaal. Toch kun je geen Harlequin-romans lezen terwijl je in Café Lipp of Deux Magots zit" (pp. 1-2).

VERDERE REFLECTIE

ENKELE VRAGEN OM OVER NA TE DENKEN...

- De uitgever Olivier Cohen zou ooit aan Anna Gavalda hebben gevraagd: "Is wat jij schrijft niet een beetje eenvoudig?", waarop zij zou hebben geantwoord: "Ik heb talent voor eenvoud". Leg het antwoord van de auteur uit en gebruik deze bundel om je antwoord te verantwoorden.

- Wat maakt de voorstelling van de personages in deze verhalen zo menselijk?

- Welke delen van de collectie bewijzen dat Gavalda een observatietalent heeft?

- Wat is je favoriete verhaal in de collectie? Waarom?

- Wat is je minst favoriete verhaal in de collectie? Waarom?

- Met welk personage identificeer je je het meest? Waarom?

- Twee van Gavalda's romans zijn verfilmd. Denkt u dat deze korte verhalen ook zo bewerkt zouden kunnen worden? Waarom of waarom niet?

- Wat zijn de kenmerken van een bestseller? Zijn ze van toepassing op *I Wish Someone Were Waiting For Me Somewhere*?

- Sommige critici beschrijven romantische literatuur als "soppig" vanwege de clichématige vertel- en stijlmiddelen die er vaak in voorkomen. Waarom? Wat is uw mening hierover? Bent u het ermee eens?

- "Liefde is ons zwaard, humor is ons schild. Geef commentaar op dit citaat uit Bernard Werbers roman *L'Empire des Anges* (2000, "Het rijk der engelen"), en bespreek hoe het van toepassing is op deze bundel.

VERDER LEZEN

REFERENTIE-UITGAVE

Gavalda, A. (2003) *I Wish Someone Were Waiting For Me Somewhere*. Trans. Marker, K. L. New York: Penguin.

REFERENTIESTUDIES

Jourde, P. en Naulleau, E. (2004) *Le Jourde & Naulleau: Précis de littérature du XXIe siècle, pour un pastiche, c'est du brutal!* Parijs: Mots & cie.

Peras, D. (2008) Anna Gavalda, la discrète. *L'Express*. [Online]. [Geraadpleegd op 9 mei 2018]. Beschikbaar op: < http://www.lexpress.fr/culture/livre/anna-gavalda-la-discrete_813789.html>

*We horen graag van jou! Laat
een reactie achter op jouw online bibliotheek
en deel je favoriete boeken op social media!*

MUST READ

Waarom kiezen voor Must Read?

Kom alles te weten over een boek
met onze beknopte en diepgaande
samenvattingen en analyses!

**Ontdek het beste uit de literatuur
in een compleet nieuw licht!**

www.50minutes.com

De uitgever garandeert de betrouwbaarheid van de gepubliceerde informatie, die echter niet onder zijn verantwoordelijkheid valt.

www.50minutes.com

Master ISBN: 9782808687836
Papier ISBN: 9782808699235
Wettelijk depot: D/2023/12603/1203

Omslag: © Primento

Digitaal ontwerp: Primento, de digitale partner van uitgevers.